Pon el libro entre tus manos y apóyalo en tu pecho.
Pregunta con el alma y el oráculo te responderá

Nada es imposible

Por supuesto que sí

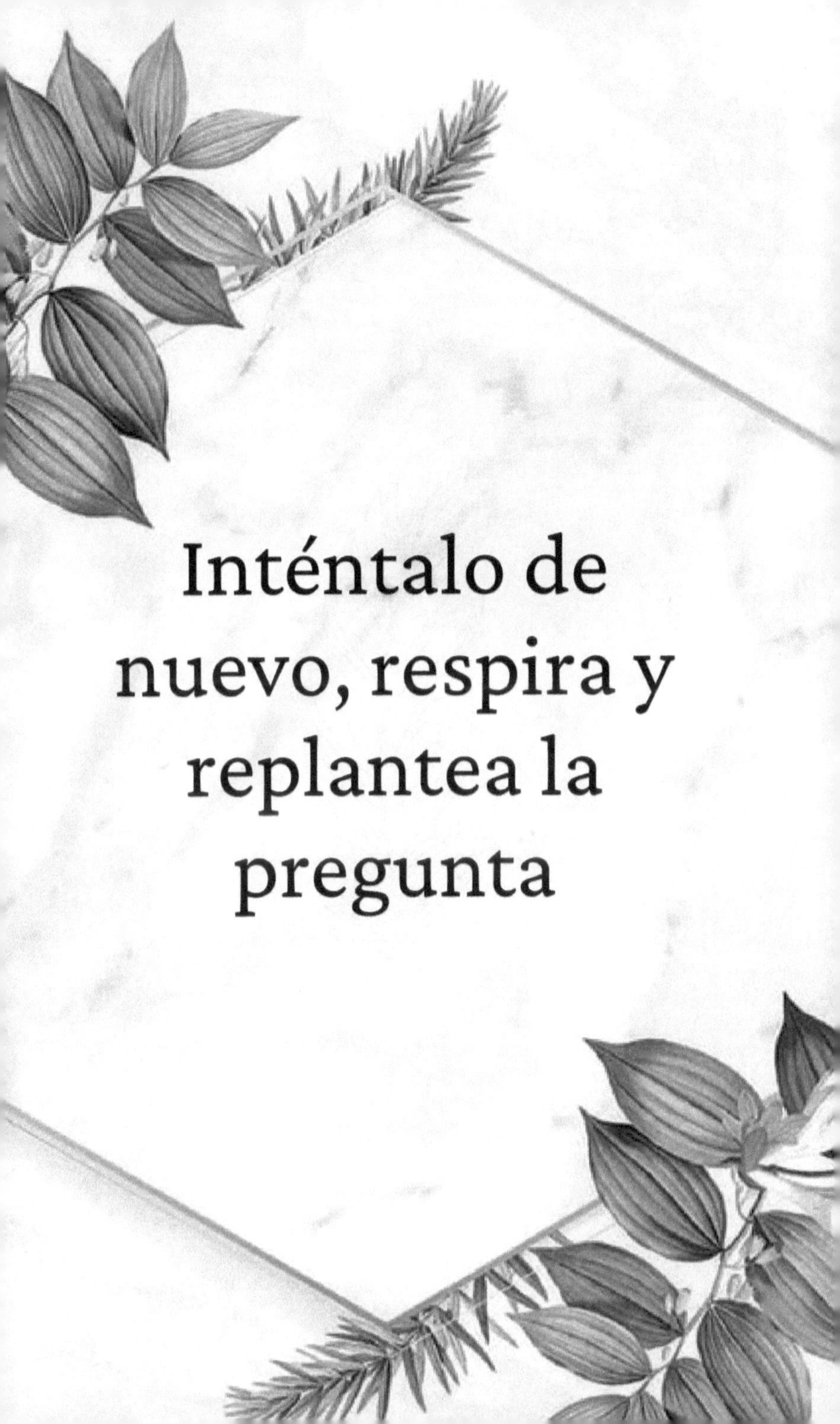
Inténtalo de nuevo, respira y replantea la pregunta

Hay que esperar
un poco, y verás la
respuesta

De momento no

¡Sí rotundo!

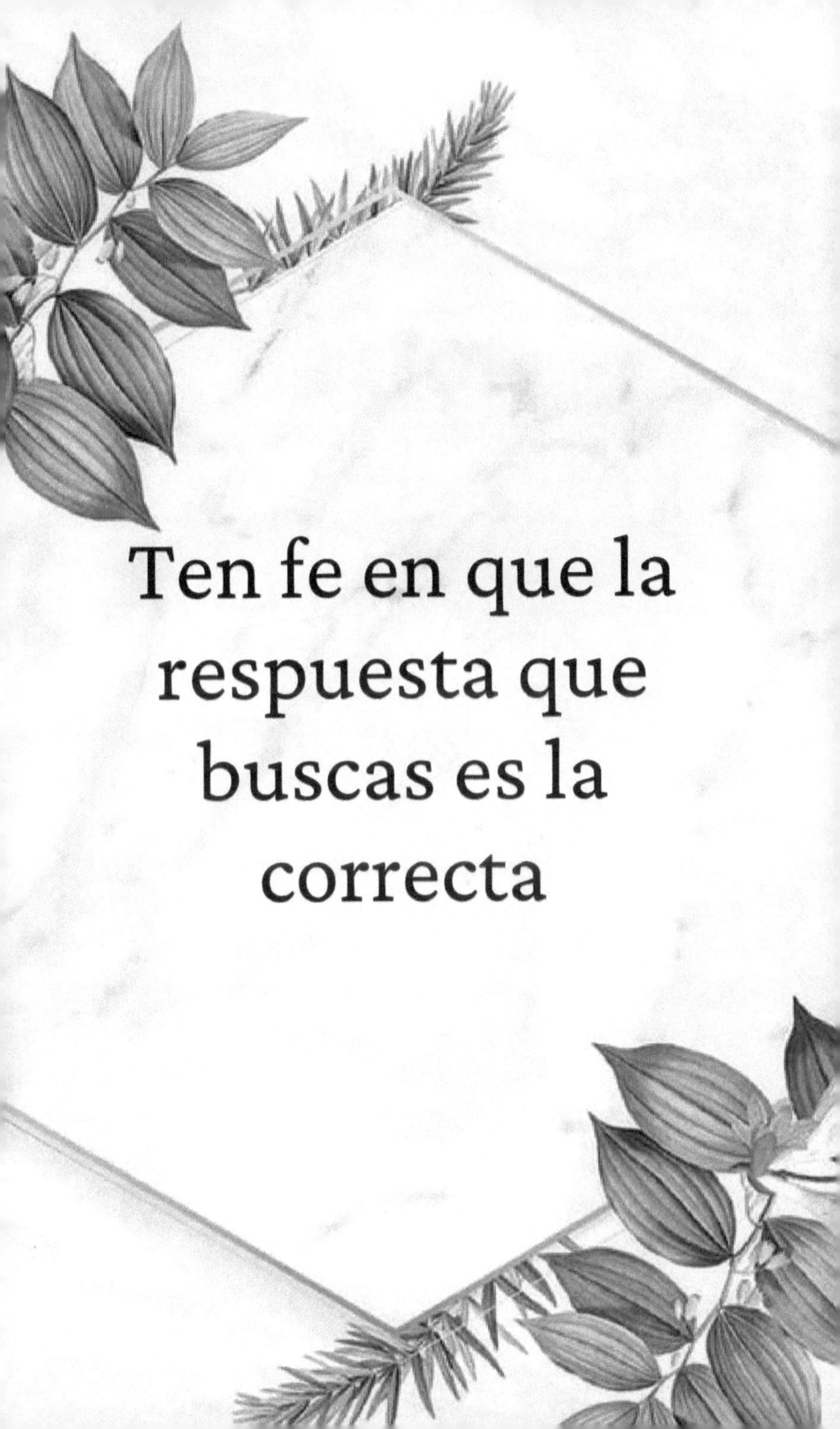

Ten fe en que la respuesta que buscas es la correcta

Definitivamente

No lo sé

La posibilidad está

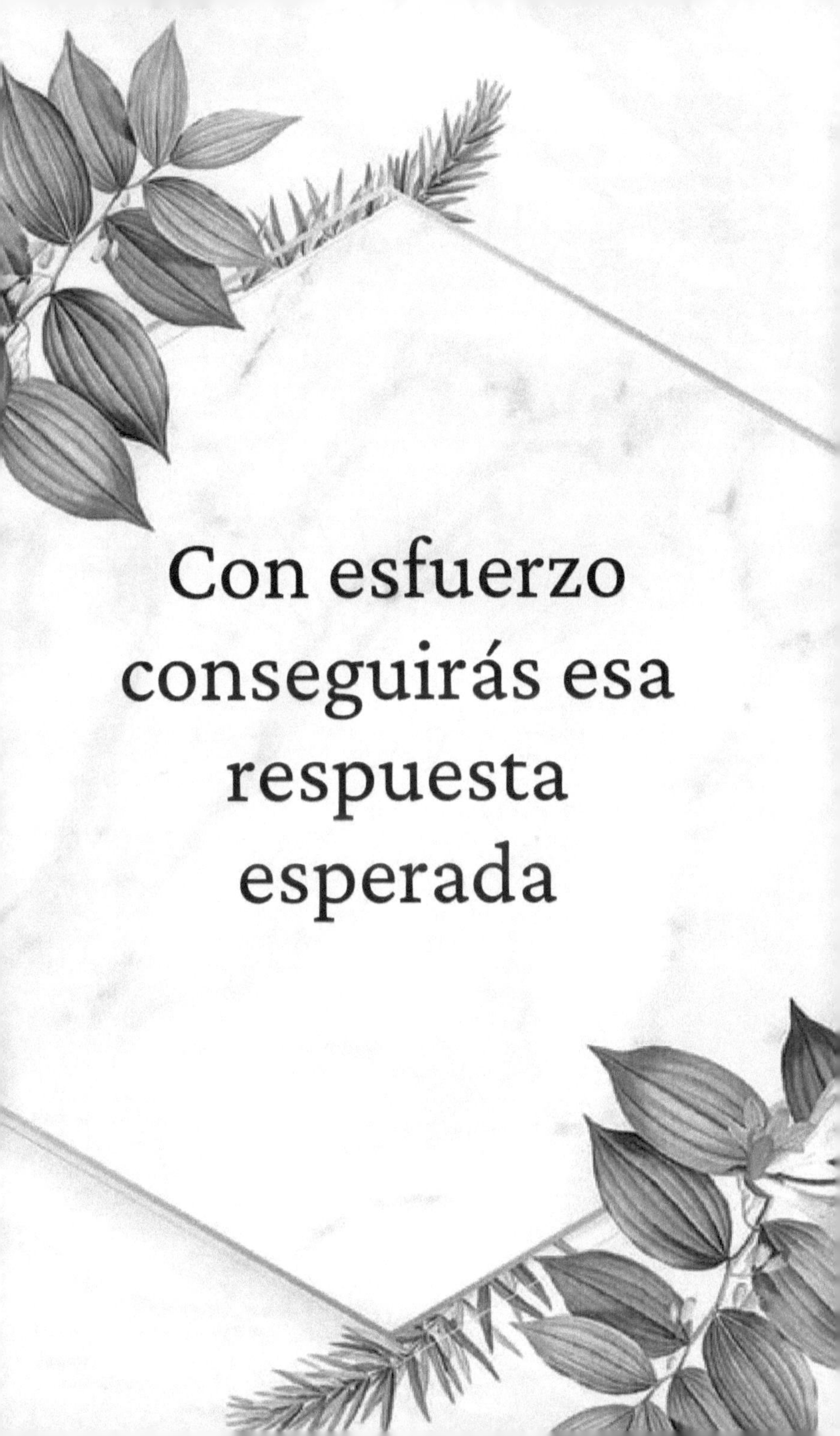

Con esfuerzo
conseguirás esa
respuesta
esperada

Absolutamente sí

Puede ser

Lo veo con mucho optimismo

¡Sí, sí y sí!

Va muy bien

Bajo ningún concepto

Indudablemente

Efectivamente

Negativo

No descarto la
posibilidad

Ten mucha fé

No bajes los
brazos, lo
conseguirás

Desde luego que sí

Imposible

¡No hay dudas!

Afirmativo,
no lo dudes

III

El universo te
dice que "No"

Quizá

Casi casi

Soy pesimista al respecto

Ciertamente sí

Exactamente, desde luego que sí

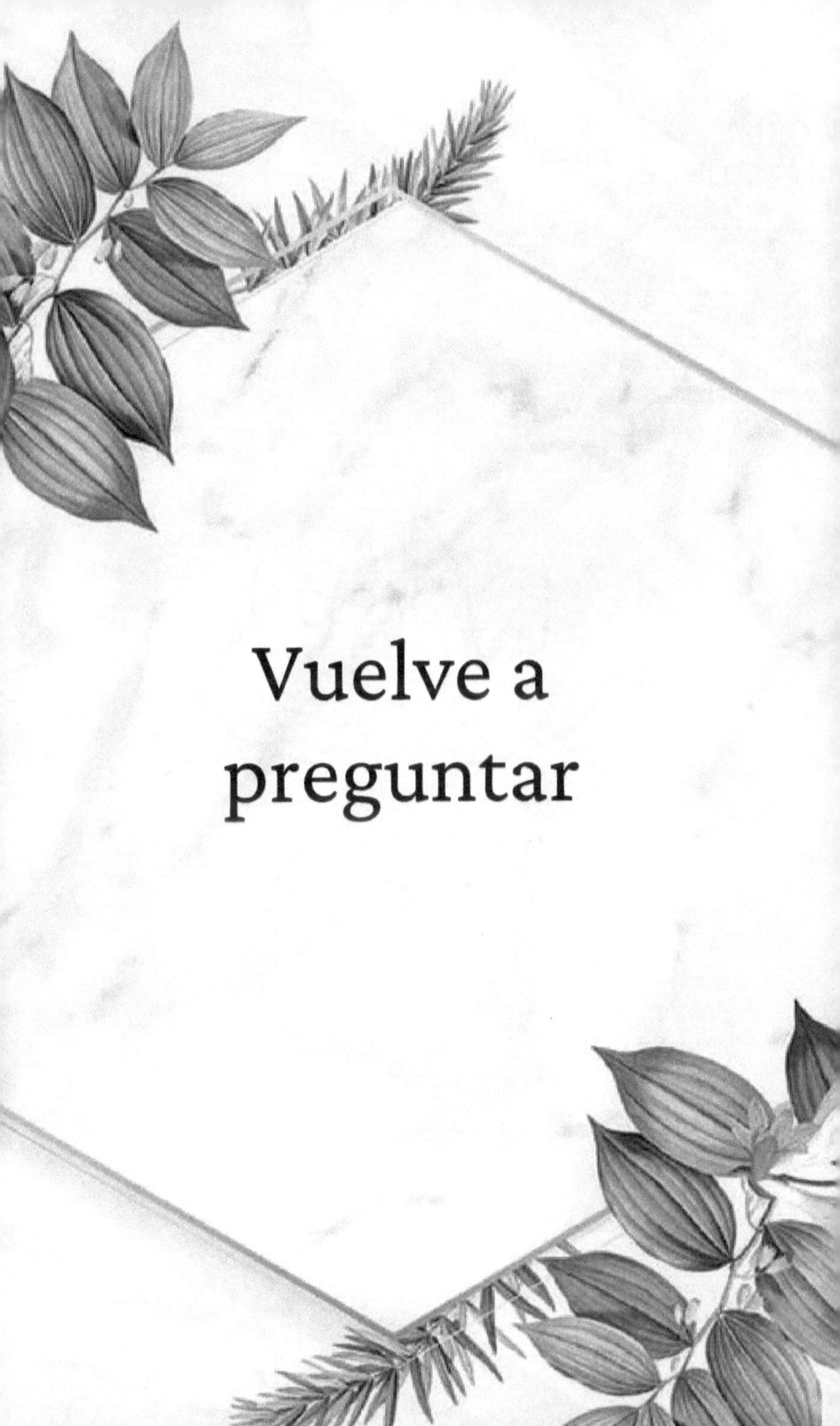
Vuelve a
preguntar

Esta es tu señal

No te olvides de tu intuición, porque tu intuición es la voz de tu alma

No está claro

Todo estará bien

¡No!

La respuesta está
en tu interior

No es posible

Hay buenas
probabilidades de
que sea sí

Estás yendo por el camino correcto

¡Adelante!

Ten paciencia

Todo está en su curso

La esperanza es lo último que se pierde

No puedo opinar
al respecto

Quizá no

Estás yendo por el camino correcto

Recibirás una
respuesta sobre ello
en poco tiempo

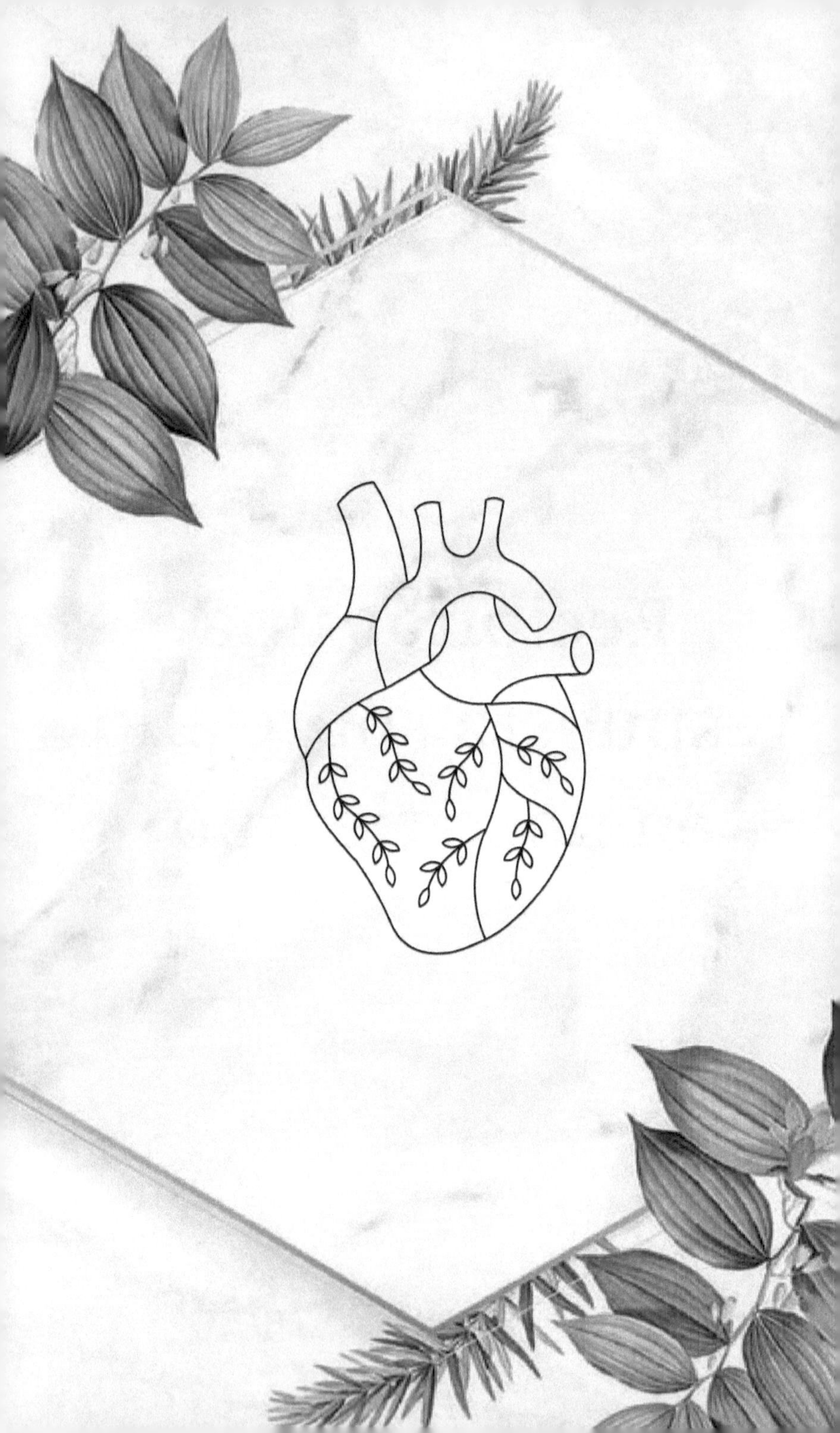

Todo se da para
que sea sí

Ve a por ello

No está del
todo claro

Relájate, inspira,
siente dentro de tí
esa respuesta